Papa und Sohn
basteln
mit Klopapierrollen
Ein Vater-Mutter-(Erzieher)-Kind-Bastelbuch

oder:

Ein Ratgeber zum Basteln
Basteleien
mit Rollen vom Klopapier
(natürlich <u>auch</u> für Mütter und Töchter ;-)

Mit hilfreichen Fotos
von
Josef Mahlmeister

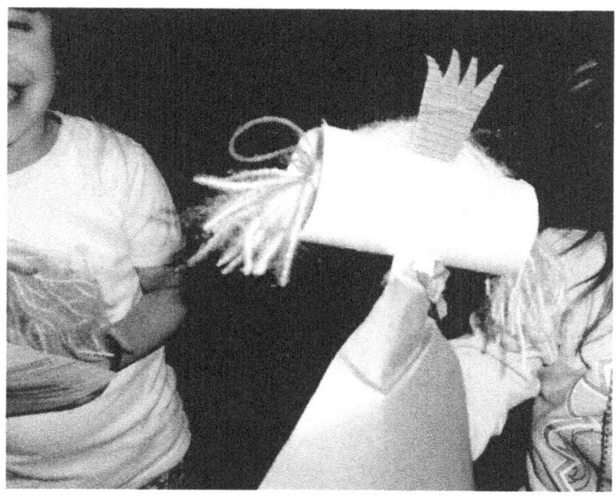

Bibliografische Information der Deutschen Nationalbibliothek:

Die Deutsche Nationalbibliothek verzeichnet diese Publikation
in der Deutschen Nationalbibliografie;
detaillierte bibliografische Daten sind im Internet über
http://dnb.d-nb.de
abrufbar.

**Dieses Buch sei allen
„Praktikern + Praktiker*innen*"
in der Kinderarbeit gewidmet,
die täglich immer wieder von neuem versuchen,
aus „Nichts" etwas Tolles zu machen!**

2. korrigierte Auflage: (Print-Book + eBook) Juni 2016

CreateSpace, Charleston SC
Unter Verwendung des CreateSpace Cover Creator
Druck: Daten sind auf letzter Seite

ISBN-13: 978-1-530-30690-9
ISBN-10: 1-530-30690-6

Papa und Sohn
basteln
mit Klopapierrollen
Ein Vater-Mutter-(Erzieher)-Kind-Bastelbuch

oder:

Ein Ratgeber zum Basteln
Basteleien
mit Rollen vom Klopapier
(natürlich <u>auch</u> für Mütter und Töchter ;-)

Mit hilfreichen Fotos
von
Josef Mahlmeister

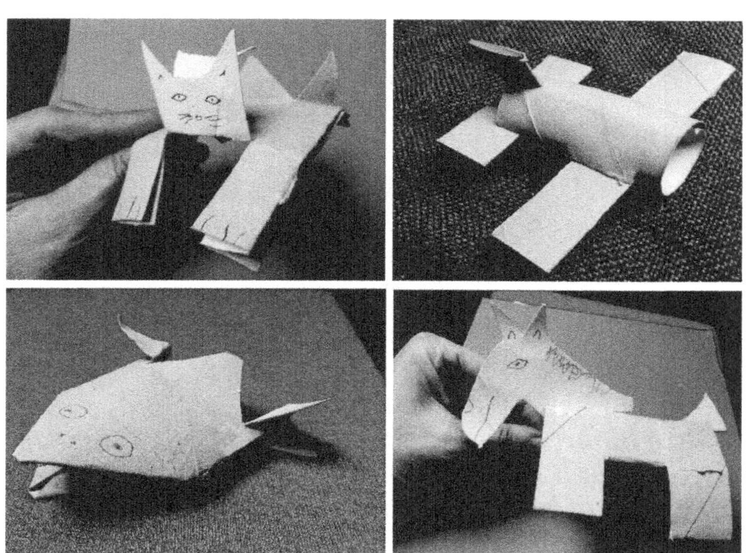

Mein Dank
geht an alle
Mitspieler + Mitspielerinnen,
die mich immer wieder
aufs Neue
dazu anregen und inspirieren,

Sinnvolles,
Verwertbares,
Spielbares
für sie + mit ihnen zu basteln:

- Allen Kindern im Kindergarten! -

Danke! Danke! Danke!

* *** *

P.S.:
VIELEN DANK
(auch!) für Eure Geduld!
Beim Warten auf dieses Buch!
Die Herstellung machte zwar sehr viel Spaß,
aber: sie war auch einfach mit <u>SEHR</u> *viel **Arbeit**
verbunden + alle Schritte waren sehr
Zeitintensiv!

*** Das heißt:**
Gute Ideen zu entwickeln, sie **Auszuprobieren,**
sie **zu Perfektionieren** oder sie dann
eventuell dann doch **zu Verwerfen!**

Zuerst aber noch einmal:
Ein DICKES
„Entschuldigung" !

**Dieses Buch ist nämlich <u>nicht</u> nur
für VÄTER + SÖHNE
gemacht, sondern ebenso
für MÜTTER + TÖCHTER!**

**Aus diesem Grunde habe ich schon
gleich zu Anfang das Foto eines Mädchens
mit seiner Theater-Puppe eingebaut.**

Besonderes „Danke!" an:
Carla, Emily, Elin und Levy!

**Ihr wart hier einige meiner eifrigsten
„MITARBEITER/INNEN!"**

Danke! Danke! Danke!

Vor-Warnung!

*Dieses Buch wird Ihnen (**s. Bild Seite 3**) keine ästhetisch wunderschönen Ergebnisse liefern!*

Dieses Buch zeigt Ihnen „nur" TECHNIKEN die Sie so (evtl.) noch nicht kannten bzw. angewendet haben!

Dieses Buch soll wieder PREISWERT sein, da es für Jeden, Kinder + Erwachsene ist!

Dieses Buch gibt hoffentlich viele Anregungen, aus denen dann jeder MEHR machen soll!

WENN SIE DAS +
einige Schwächen von mir Akzeptieren,
(Und vielleicht auch das erfolgreiche Buch mit Basteleien
zu Pappkartons mochten ☺)
DANN
Kaufen Sie beruhigt auch dieses Buch!
Es wird Sie wohl NICHT enttäuschen!

** *** **

Ansonsten kaufen Sie besser solche Bücher von Verlagen, die etwas teuerer sind + mehr Finanzkraft + bessere Grafiker + Fachleute in ihrem Team + außerdem Topp-Qualität haben!

Danke!

INHALT

****

Vorwort

*

1. Einleitung:
Basteln zu Hause, Grundschule + Kindergarten

*

2. Material und Werkzeug:
Viele Rollen aus Klopapier-Resten,
Bleistift und Schere und Tucker (?),
evtl.: Prickelnadel + Unterlage + Locher(?)

*

3. Anleitung + Begriffserklärung:
Schritt für Schritt! – Alles ist möglich!
Mut zum „Platt machen!"

*

4. Endlich: Beispiele + Anregung in Bildern:
Brief, Flugzeug, Theater- Puppen, Schiff, Teleskop,
Fernrohr, Schach, Kugelbahn, Tier-Origami
(Schmetterling, Katze, Frosch, Igel, etc.)
Als Zugabe: 2 Spielideen!
Lassen Sie Ihrer + der Fantasie Ihrer Kinder
Freien Lauf!

*

Der Kölner Spiele-Creator und Erzieher
Josef Mahlmeister

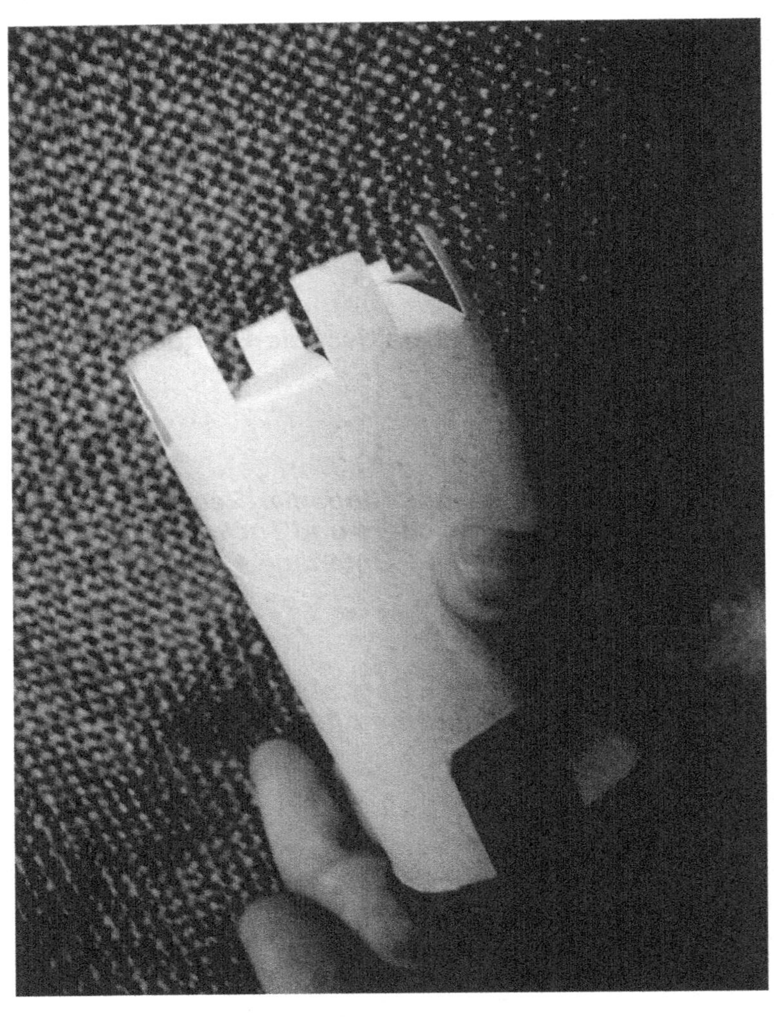

*Ein Turm! - Schon hat man den ersten
der 4 Teile einer Burg.*

Hallo!

Schön, dass Sie dieses Buch geöffnet haben!

Und *HURRA!* - Prima, dass Sie es gefunden haben!

(und vielleicht sogar gekauft!?

Dann sage ich: Danke! Danke! Danke sehr!)

* *** *

*Vielleicht sind Sie auch ein **Erzieher** oder eine **Erzieherin**
im Kindergarten? Oder ein **Lehrer** in einer Grundschule?
Oder ein **Opa**, eine **Oma,** die gerne etwas für ihre Enkel
oder / und <u>mit</u> ihnen zusammen basteln möchte?*

*Oder Sie sind eine **Mutter** oder ein **Vater,**
also ein „pädagogischer" Mensch, welcher etwas
Kleines, Schnelles und Einfaches
mit den Kleinsten herstellen will?*

Sie brauchen etwas, wie geschaffen, für

NOTFÄLLE?

Dann haben Sie jetzt das richtige Buch in der Hand!
***Oder:** Auf dem Display Ihres eBook-Readers!*

* *** *

*Hier also ist er **endlich:***

*Der **NEUE** Ratgeber-Folgeband zum Basteln
„mit Klopapierrollen".*

ACHTUNG !!! – Noch eine wichtige VORWARNUNG:

Bitte kaufen Sie diesen Ratgeber **NICHT**

…wenn Sie „fertige" Ergebnisse sehen möchten!

…wenn Sie Beispiel-Bilder oder / und Vorlage- / Anleitungs-Fotos in **„perfekter"** *Gestaltung, Farbe und Auflösung erwarten!*

…wenn Sie ein Buch (nur) zur Ergänzung für Ihr Bücherregal benötigen!

…wenn …

DENN:

Wie bereits beim Ratgeber zum Basteln **„mit Pappkartons"** *soll Sie auch dieses Bastelbuch mit vielen Anregungen und hier GANZ BESONDERS* **„mit Techniken"** *für den Alltag versorgen.*

Als sinnvolle Ergänzung wird Ihnen hier vieles **NUR** *Ansatzweise vorgeschlagen und in Bilder-, Fotoschritten vorgeführt. –* **WAS** *Sie und die Kinder dann daraus machen, ob Theaterpuppen, für das Thema: Verkehrserziehung (Auto, Ampel, etc.), ein Fernrohr für den Piraten oder eine* **Origami-Katze** *oder ein* **-Pferd.**

DAS ist bzw. wird IHR Abenteuer!

Viel Spaß und Freude wünscht Ihnen dabei

*Josef
Mahlmeister*

WILLKOMMEN

in meiner

Bastel- und Kreativ-Werkstatt

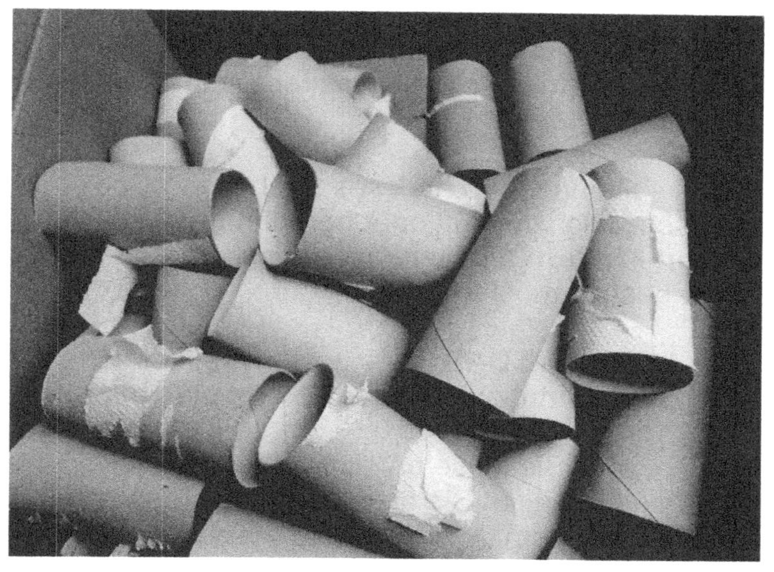

Nichts als Klopapierrollen!

Aber **DAVON** haben wir, als Vorraussetzung für
unsere Bastelstunden, ganz viele gesammelt!

...

1. Einleitung:

STOP! – Werfen Sie alte Klopapierrollen nicht zu schnell und voreilig gleich in die nächste Mülltonne!

NEIN! – Keine Angst! - Das wird nun **keine** weitere „*Schützt unsere Umwelt und ihre Ressourcen Kampagne!* - Es ist **kein** - schon gar kein weiterer Aufruf - für den Umweltschutz!

SIE! …werden hier auch **nicht** fies und hinterlistig übers Ohr gehauen, indem Sie von Irgendetwas überzeugt werden sollen, wohinter Sie im Grunde gar nicht stehen!

Nein! – Sie haben sich dieses Buch oder eBook wahrscheinlich gekauft oder herunter geladen, weil Sie **mit Kindern** arbeiten und **etwas Kreatives** mit ihnen basteln möchten!

Ja! – Und genau **DAS** ist es, worum es hier gehen wird: **Basteln mit „wertlosen" Klopapierrollen!**

Denn: Bevor Sie diese nämlich achtlos im Hausmüll entsorgen, erhalten Sie hier ein paar Anregungen, **WAS** Sie mit dem **„wertlos"** *(für uns jedoch WERTVOLL)* gewordenen Verpackungsmaterial noch anfertigen können!

Zusammen <u>mit</u> Ihren Kindern, aber auch genauso gut ganz

Alleine bei sich *zu Hause!*

Warum also, wird gerade das Basteln mit diesen "wertlosen" <u>KLOPAPIERROLLEN</u> für mich und für Sie so interessant?

Nur 4 VORTEILE oder GRÜNDE:
(bzw. positive + unvergleichliche Eigenschaften)

1.   **Die allgemein GENORMTE Einheitsgröße** von *9,7 cm* Höhe + *4,5 cm* Durchmesser, denn die gibt uns eine Basis-Sicherheit!

2.   **Das Teil ist sehr Gut zum SCHNEIDEN,** es ist fast noch besser als gewöhnliches Papier, auch für Kinderhände gut zu bearbeiten!

3.   **Die Rolle** ist **gratis** und letztlich ein jederzeit leicht verfügbares Material!

4.   **UND** - nicht zu unterschätzen: Das Bastel-Ergebnis ist **Für Jeden** umsetzbar: **ALLES** kann **OHNE KLEBSTOFF** hergestellt werden! Also **Nichts** *wird Geschmiert oder Gepappt* – nur die Papp-Rollen und Schere sind nötig!

Alle Eltern, **wissen,** dass in der Schule und im Kindergarten viel gebastelt wird. Eigentlich ist da bei der Zielgruppe auch kein Unterschied zu machen.

Jungs oder Mädchen werden an diesem Material **BEIDE** ihre Bastelfreude haben.

Und **Papas** (oder **Mamas**) natürlich ebenso!

Sie werden verstehen, dass die eventuell gefühlte Reduzierung auf „Papas und Söhne" nur des Titels wegen gewählt wurde.

Im Kindergarten, zuhause oder sonst wo, werden selbstverständlich **ALLE** großen und kleinen Menschen und beide Geschlechter, jung oder alt, ihre Freude am Basteln mit Klopapierrollen haben!

Die hierzu benötigten **Materialien** hat jeder zu Hause: **Schere, Klopapier-Rollen** und einen **Bleistift** oder Kugelschreiber *(zzgl. **Prickelnadel** im Kiga, oder **Zahnstocher** oder **Schaschlik-Holz-Stäbchen**)!*

Die Gestaltungs- und Motiv-Möglichkeiten sind so vielfältig, so dass dieser kleine Ratgeber auch **NUR** mit Ideen und Foto-Beispielen Anregungen und Hilfe geben soll!

MERKE: *Der eigenen KREATIVITÄT sollen keine Grenzen gesetzt sein!*

WAS basteln wir? – Da wird sicher jeder etwas anderes bevorzugen. - Ein Auto, ein Schiff, eine Kugelbahn, eine Theaterpuppe, ein Flugzeug, kann ebenso begeistern, wie ein tolles Tier, etwa ein Pferd, eine Katze oder sogar ein Dinosaurier.

Lassen Sie Ihrer Fantasie freien Lauf! Aber greifen Sie die Ideen Ihrer Kinder auf und versuchen Sie diese MIT ihnen zu vielen schönen Ergebnissen auszuarbeiten!

Sie haben sicherlich inzwischen schon Unmengen an Rollen vor sich liegen? – Also, genug der Worte!

So denn: Fangen wir einfach an!

2. Material und Werkzeug!

Materialien: Wir brauchen: *VIELE* **Klopapierrollen + wenige (aber wichtige) Werkutensilien!**

Diese sind: Eine **Schere**, ein **Bleistift**, ein Kugel-**Schreiber**, eventuell noch ein **Lineal** – das ist eigentlich alles, was Sie brauchen!

Ein Kind oder mehrere! – **Denn:** Für + mit Kindern, **das** ist ja die Grundidee dieses Ratgebers!

Die Technik beim Basteln mit Klopapierrollen ist nicht schwer und ergibt sich aus dem Material.

Nach dem **Einschneiden** der Rollen, Streifen, Flächen und / oder Kreise können diese auch bemalt und, falls nur Angeschnitten, auch einfach **zusammen gesteckt**! werden!

Dadurch erspart man sich das manchmal lästige Hantieren mit Kleber und / oder Warten bis die geklebten Teile endlich getrocknet sind!

Die Größe Ihres Objektes hängt immer davon ab, wie viele Klopapierrollen Sie gesammelt haben und WAS Sie daraus anfertigen wollen.

Reste von anderen Basteleien können ebenfalls verwendet werden. Schließlich kostet auch das gekaufte Tonpapier den einen und anderen Euro.

Und: Warum denn alles immer wegwerfen?

Vielleicht kann der Eine oder Andere bunte Tonpapier-Rest dem soeben fertig Gebastelten gar noch den allerletzten Farb-Klecks geben!

Im Kindergarten kann die Erzieherin auch ein **Muster** oder einige **Schablonen** anfertigen.

Die Kinder werden diese dann als Anregung nutzen und, nach den ersten Versuchen, selbst ihr Modell gestalten!

* *** *

In meiner Praxis bastelte ich etwa selbst erst einmal ein Flugzeugmodell. Die Kinder betrachteten sich dann die Einzelteile und fertigten sie dann meist selbst nach Ihrer Vorstellung nach.

Das **Bemalen** und Verschönern gestaltete sich dann individuell verschieden. Nur beim Zusammenstecken und Ineinander schieben der einzelnen Teile wurde hier und da dann doch etwas Hilfe benötigt.

Das **Schreiben des Vornamens** auf das fertige Flugzeug, kann ja die Erzieherin übernehmen, dem Kind helfen oder mit schnellen Tipps und Hinweisen einspringen.

Es wäre ja schade, wenn ein eifrig + mit Herzblut **SELBST** erstelltes Objekt, dann doch evtl. verloren geht!

3. Anleitung + Techniken in *Schritt-für-Schritt* Erklärung!

Niemand ist perfekt! Und: Klar ist immer, dass man ein Buch mit vielen Bildern sicher immer viel lieber in die Hand nimmt, als ein dickes Buch mit reinem Text.

Diese Weisheit, ist Jedem bekannt, der *„Alice im Wunderland"* von *Lewis Carroll* gelesen hat!

Demzufolge wird dieser Ratgeber **NICHT** aus viel „fachlichem" **TEXT** bestehen, **sondern** aus einer logisch und einfach zu verstehenden Abfolge von **Bildern** bzw. vielen Fotos.

Damit kann dann Jeder, egal ob **GROSS** oder **KLEIN**, die Herstellung besser und ganz einfach verstehen und selber nachmachen!

Etwa die Figuren eines Schach-Spieles, die Schritt für Schritt Entwicklung eines kleinen Flugzeugs, eines Autos, eines Tieres (etwa ein Pferd), oder anderen Dingen,

* *** *

So denn: Packen WIR es an!

Ob mit Papier, mit Pappe, Stift, Schere, und Tucker:

ALLES ist möglich! Selbst eine Rolle, quasi, als *„Deutsches ORIGAMI"* geknickt und gefaltet

** * *** So geht's: *** * **

Mit Bild für Bild hin zum Ergebnis!

Wenn ich etwa von „platt machen" spreche, dann werden Sie im Verlauf der Bilder / Fotos erkennen, was damit gemeint ist.

****

ZWEI FRAGEN + ANTWORTEN

****

→   **1. WAS ist eine Klopapierrolle?**

Antwort: *Ein hohler Hüllen-Rest vom Klopapier!*

→   *Und:* **2. WAS kann ich mir ihr machen?**

Antwort: *Man kann sie FALTEN, AN-SCHNEIDEN + Platt machen, + BIEGEN und AN- und EIN-STECKEN, klar, auch ANMALEN und LÖCHER hinein machen!*

Ja! – und genau <u>DAS</u> machen wir alles hier! Wahrscheinlich macht IHR dann noch viel mehr aber bestimmt <u>NICHT</u> weniger damit! …

VIEL SPASS + GUTES GELINGEN!

* *** *

*Auf den folgenden Seiten sehen wir nun die Techniken, einige Ergebnisse, Anregungen und *hoffentlich* viele Ideen für noch viel mehr!*

4. Einige Beispiele + Anregungen!

Es folgen Beispiele, die sich aus dem Material, wie von selbst ergeben + die sicher viele von uns schon selbst gemacht haben:

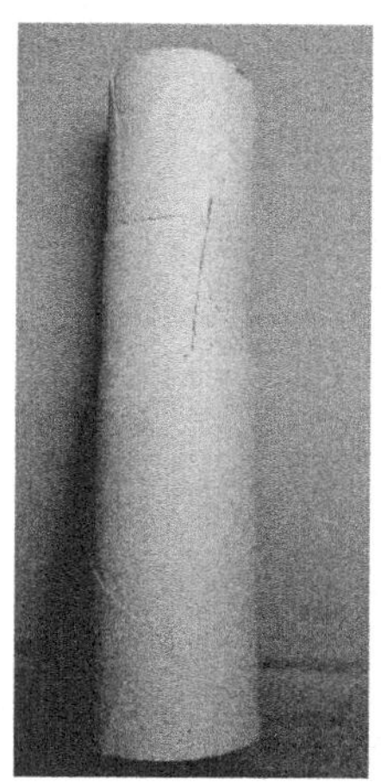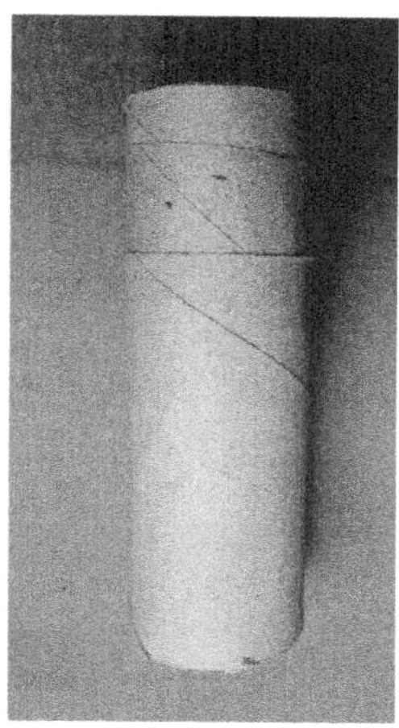

Ein ausziehbares **Teleskop** für Piraten!

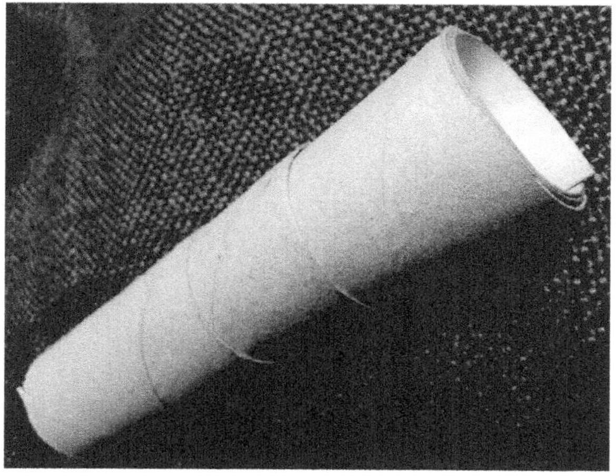

Ein Eierbecher – zwei einfache **Varianten!**

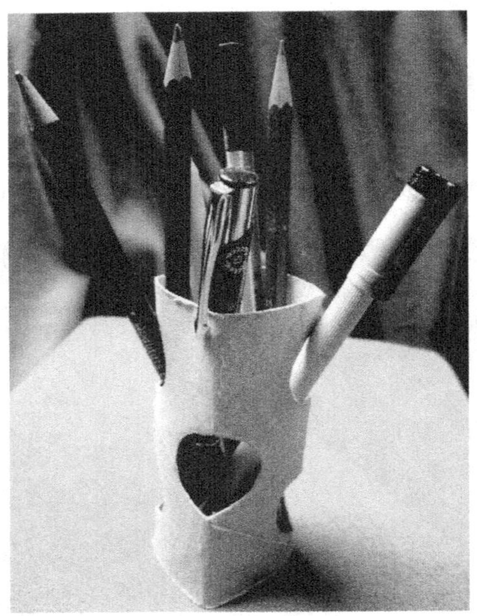

Ein **Stifte-Halter** mit Seiten-Löchern!

Themen-Beispiel: Grundschule
Alternatives „Farben-Freu-Dich-Spiel"

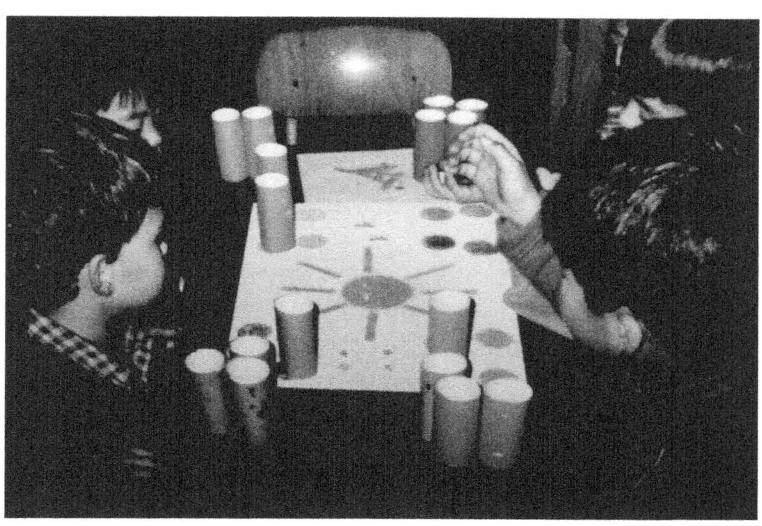

WAS IN DER GRUNDSCHULE EINFACH WAR
(Die Art der Klopapier-Rolle **NICHT** zu verändern!)

… DAS wird in DIESEM Buch versucht
nun einmal völlig **ANDERS** zu machen!

■ ■

Die Form und Rolle wird also **RADIKAL** und selbst
im **EXTREM** verwandelt und verändert!

DAS HEISST:

Sie wird gefaltet!
Sie wird „platt" gemacht!
Sie wird zerschnitten!
Sie wird angeschnitten!
Sie wird geknickt!
Sie wird ver- und gebogen!
Sie wird genutzt und benutzt

…in jeder erdenklichen und wie auch immer
möglichen Art und Weise!

Um DIESEN Weg zu beschreiten, kostet es manch
Einem sicherlich etwas Überwindung.

Wer aber dann mit dem ersten „Platt machen"
begonnen hat (Kinder macht DAS sehr viel Spass!),
der wird auch die weiteren Schritte problemlos
ausprobieren:

Platt machen! – Biegen! – Falten! – Knicken!
(Ein-) Stecken und (Ein-) Schneiden!

ALSO LOS! – Fangen wir einfach mal an!

Hier ein paar Fotos zu diesen Grundtechniken:

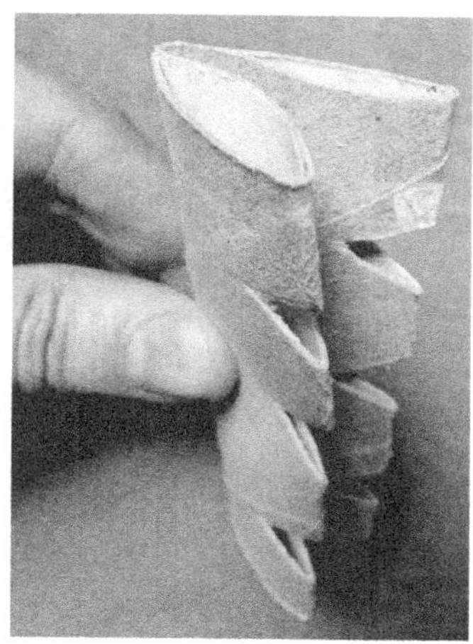

1. Das „**platt machen**" der Rolle - EINE wichtige TECHNIK!...

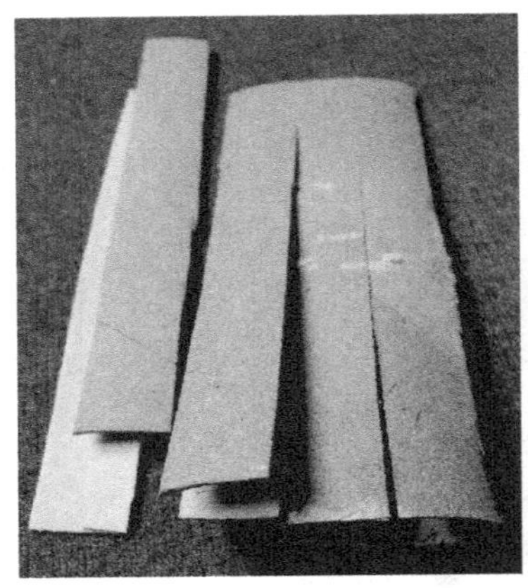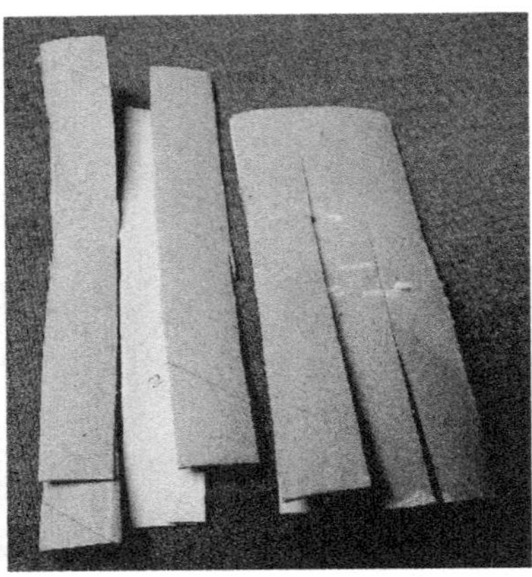

Aus **einer** Klopapier-Rolle erhalten wir später ganze
zehn etwa gleichgroße **Streifen** zum Einstecken!

- Bitte SCHERE bereithalten! -

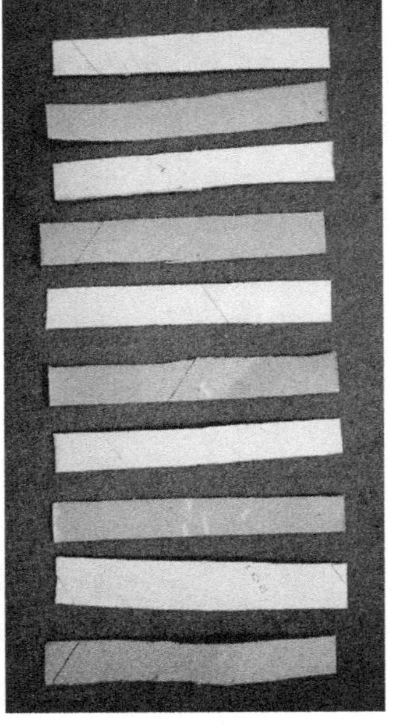

OOOOOOOOOOOOOOOOOOOOOOOOOOOOOO

Mehr Beispiele **Grundtechniken:**

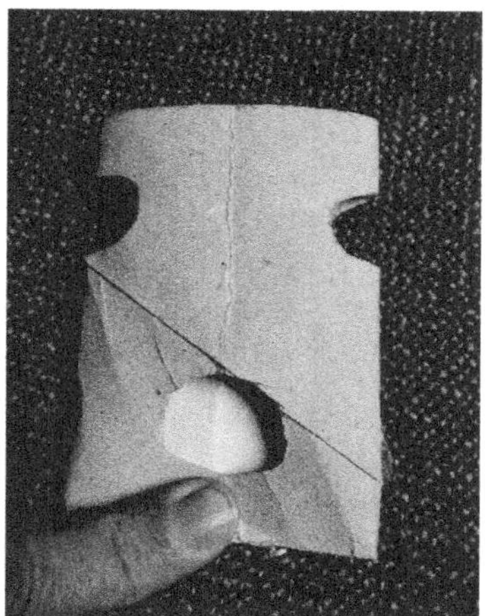

Löcher schneiden - zum Einstecken / Einschieben, Bsp.
Kugelbahn, Nase, Fernglas, etc.

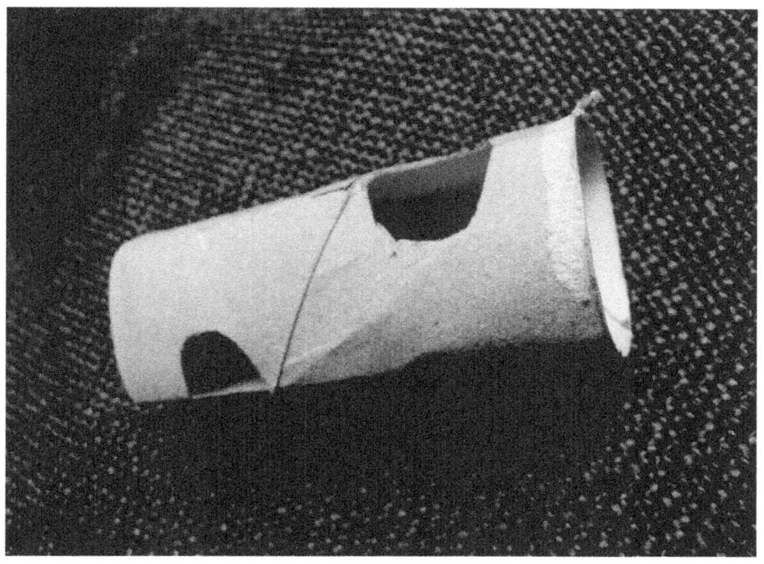

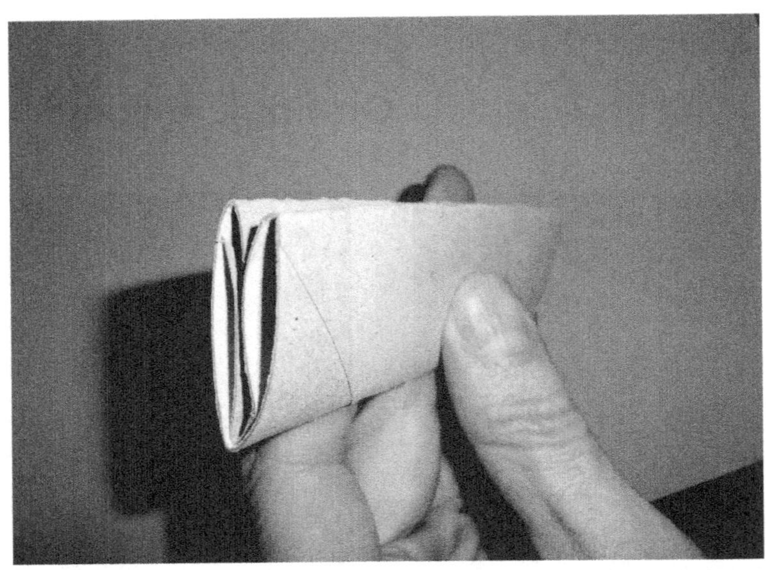

Nach dem **platt machen**, können die Teile dann bequem an der Seite mit den passenden **Löchern** angeschnitten werden. Die sind später nützlich für die Kugelbahn, eine Nase, etc. Selbstverständlich nutzen wir die Art auch für das **Einstecken.**

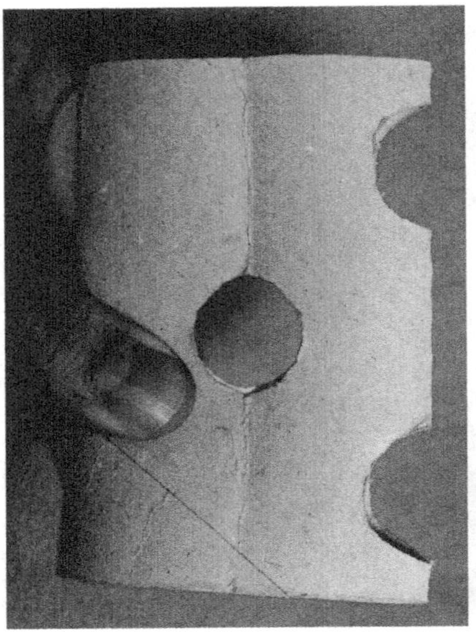

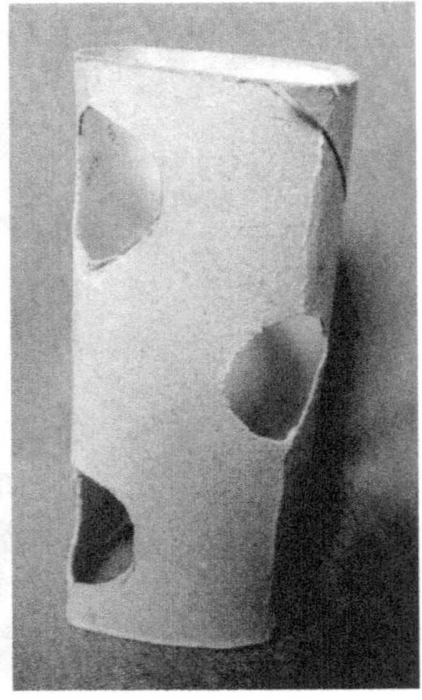

Beispiel: Pferd

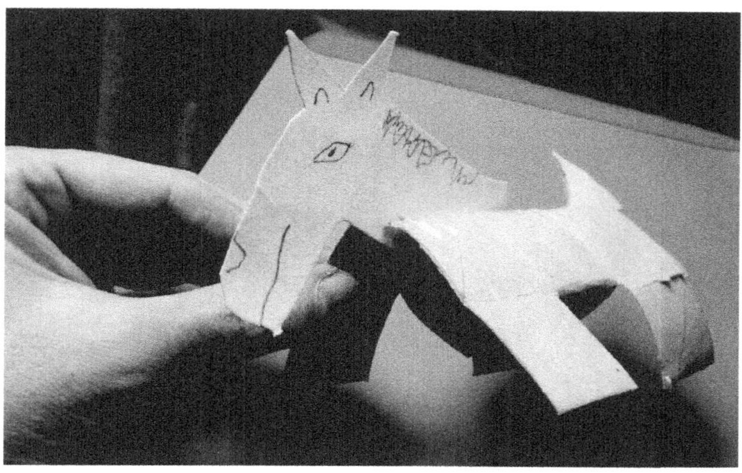

DAS PFERD: Schneiden, zum Einstecken / Einschieben, Bsp.
Kugelbahn, Nase, Fernglas, etc

OOOOOOOOOOOOOOOOOOOOOOOOOOOOOOOO

Beispiel: Fernglas

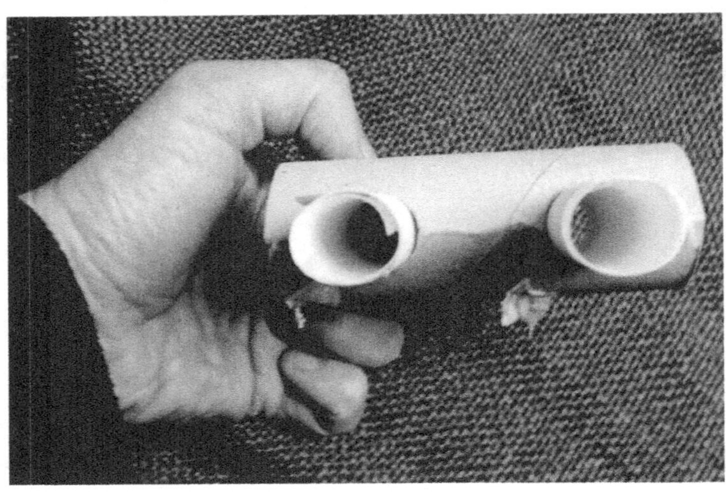

DAS FERNGLAS: Zwei Löcher Einschneiden, zum Einstecken / Einschieben runder Blätter …

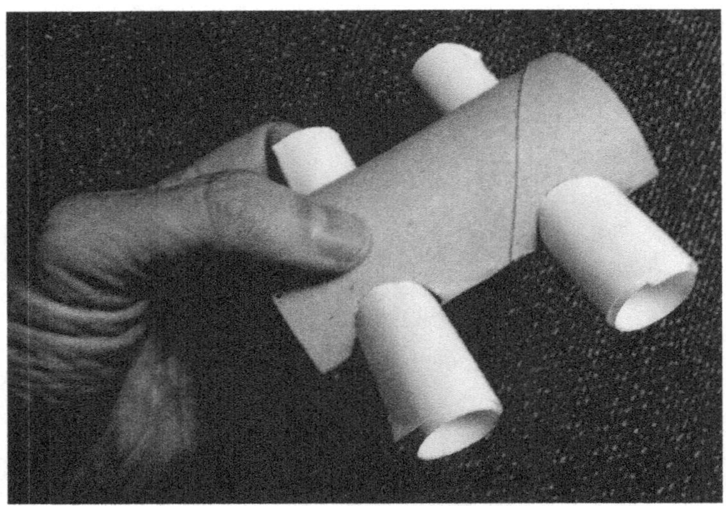

Hilfreiche Technik: Beim Umrollen des Papiers **um** den Bleistift wird die Hülle kleiner + lässt sich besser einstecken.

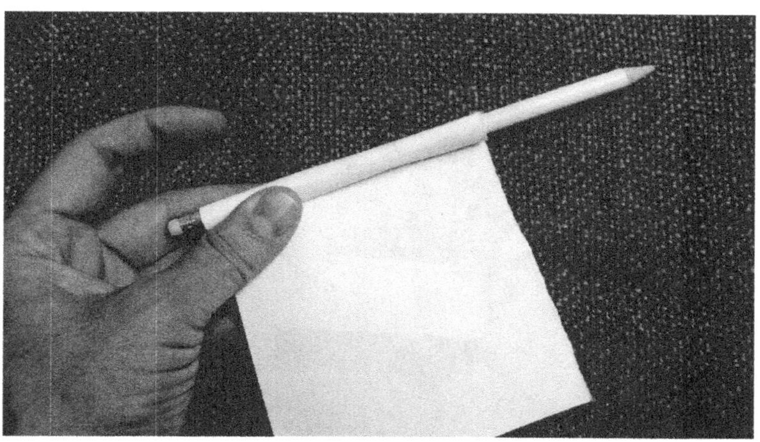

OOOOOOOOOOOOOOOOOOOOOOOOOOOOO

Beispiel: **Fernglas – Andere Variante**

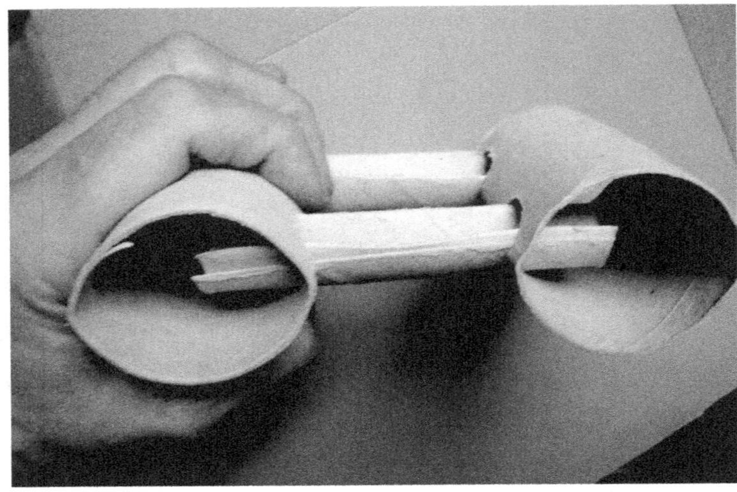

DAS FERNGLAS: Zwei Löcher Einschneiden, zum Einstecken und Verbinden je eine halbe Rolle - geknickt - verwenden! ...

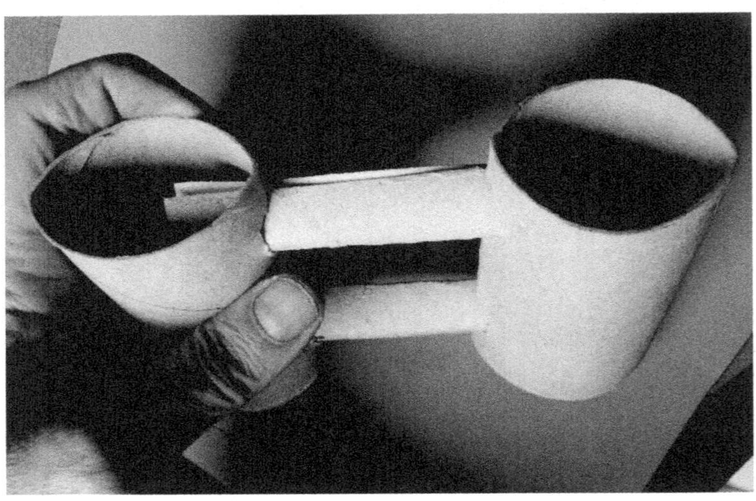

OOOOOOOOOOOOOOOOOOOOOOOOOOOOOO

Beispiel: **Ampel mit Lichtern**

DIE AMPEL mit ROT + GELB + GRÜN LICHT: Drei Löcher
Einschneiden, zum Einstecken / Einschieben dann ein weißes
Blatt Papier, worauf wir die drei Farben malen! …

ACHTUNG:

Das Papier sollte oben etwas herausragen - zum Drehen!

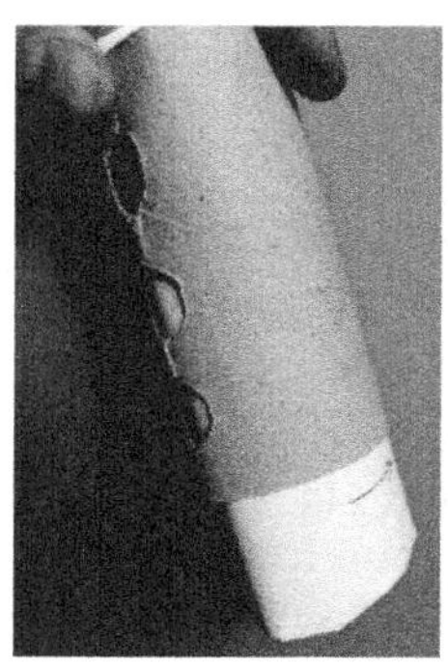
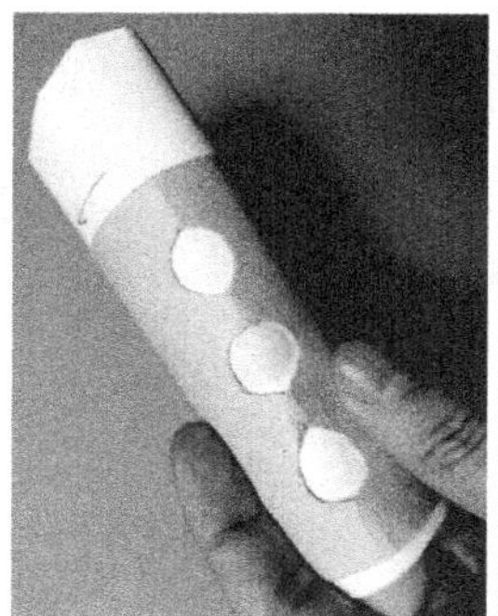
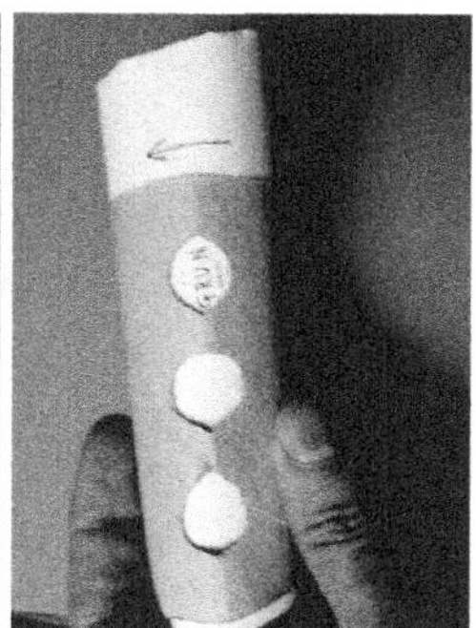

Beispiel: **Theaterpuppen**

THEATERPUPPEN: Ein Loch unten und ein Einschnitt oben für die Krone, Etwas Tuchrest, ein Stück Karton als Stiel, dazu etwas Wollhaare und ein angemaltes Gesicht, fertig ist die Prinzessin, der Prinz, etc. für ein Theaterstück!

Beispiel: Kopf

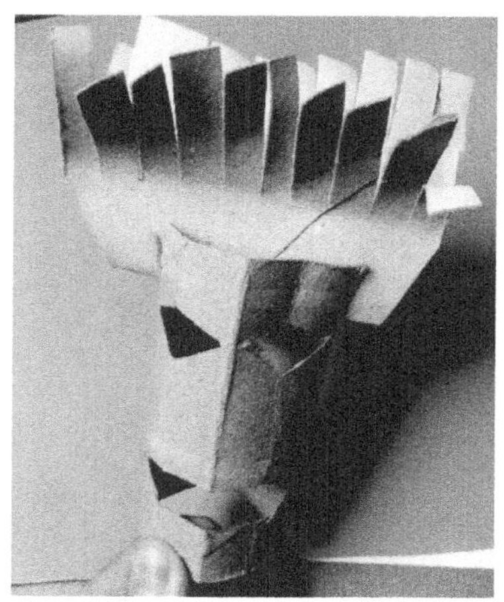 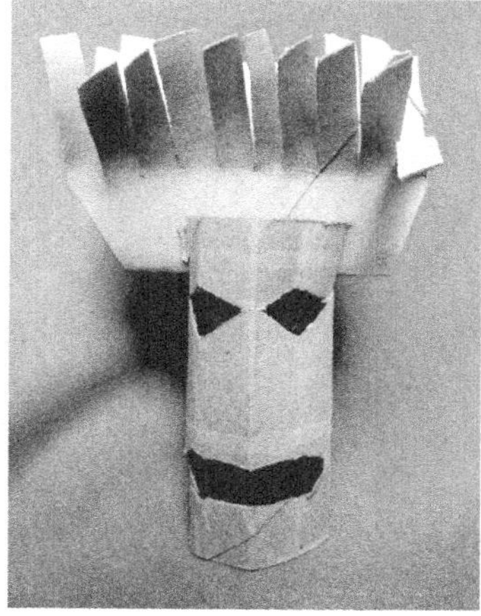

DER KOPF: Zwei Löcher für die Augen und der Einschnitt für den Mund. Eine Nase oder zwei Nasenlöcher. …

EIN SCHMETTERLING: Aus einer platt gemachten Rolle!

Beispiel: **Ein Haus**

EIN HAUS: Vorder- und Rückseite mit Tür + Fenster.

EIN IGEL? – Oder doch ein Tausendfüßler?

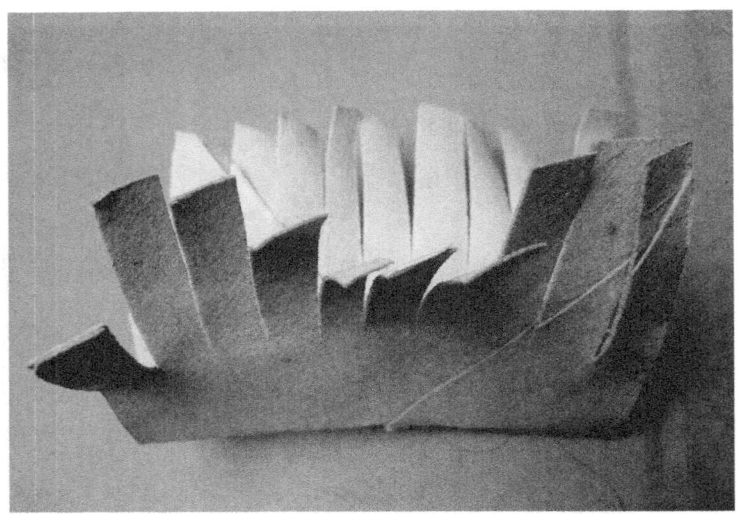

OOOOOOOOOOOOOOOOOOOOOOOOOOOOO

Beispiel: **Ein Brief**

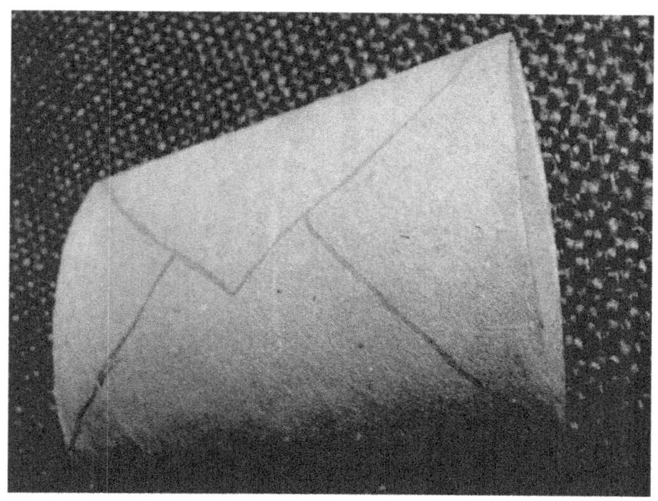

DER BRIEF: Vielleicht mit einem selbst ausgeschnittenem roten Tonpapier-Herz zum Muttertag?

ALS ADVENTSKALENDER gibt es die bunt mit Krepp-Papier verpackten Klopapier-Rollen ja bekanntlich zur Weihnachtszeit.

EINE FLIEGE am Hals zu tragen, wäre dann ja auch möglich.

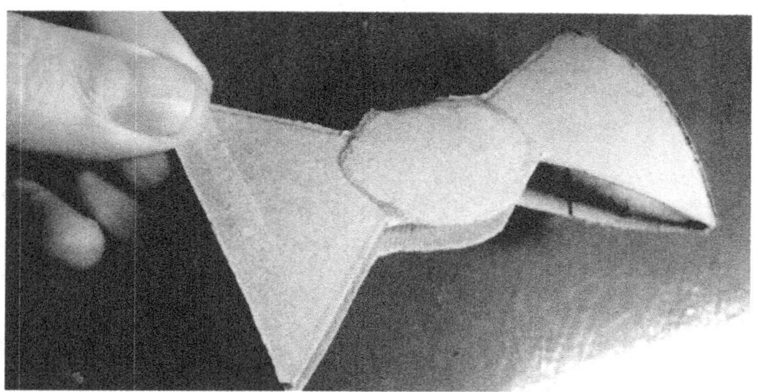

Beispiel: Schach-Figuren

**DER KÖNIG + DIE KÖNIGIN + DER LÄUFER + DAS PFERD
+ DIE TÜRME + DIE BAUERN:**
Für ein vollständiges Schachspiel benötigen wir **32 Figuren**.

Davon sind 16 Figuren in **weiß** (oder blau, rot, etc. geht auch)
und die anderen, also die Gegnerischen in **schwarz**.

Verschieden Türme. Zweimal der Läufer + Bauer mit Helm.

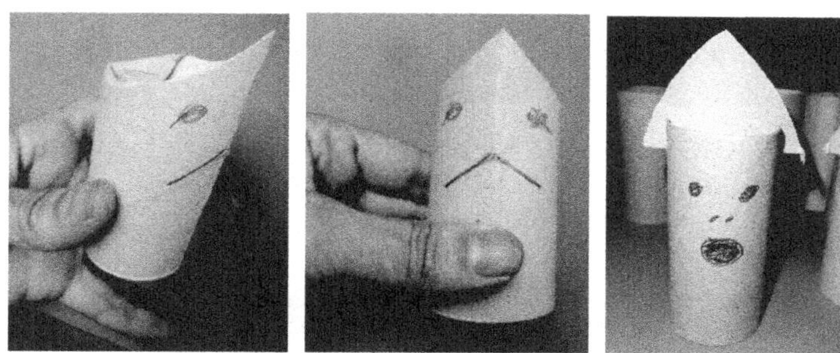

Eine **Pappkichu-Variante** als Bauern, wäre aber auch möglich.

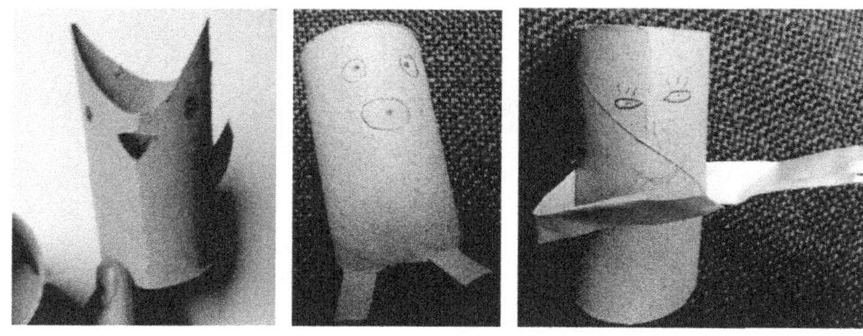

OOOOOOOOOOOOOOOOOOOOOOOOOOOOOOOO

Beispiel: **Kugelbahn**

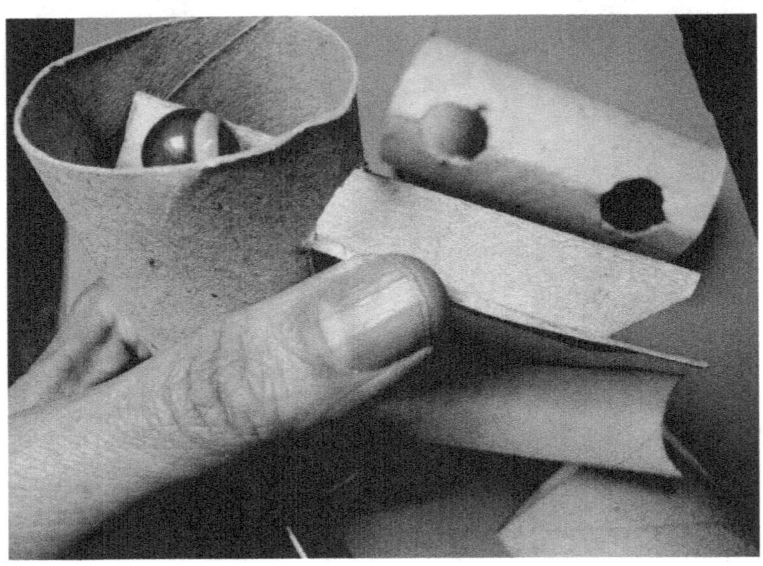

DIE KUGELBAHN: Wir brauchen ZWEI Löcher zum Einstecken für die geschnittenen Bahnwege. Außerdem natürlich eine Kugel, Murmel oder (im Kindergarten etwa) genügt auch eine Perle.

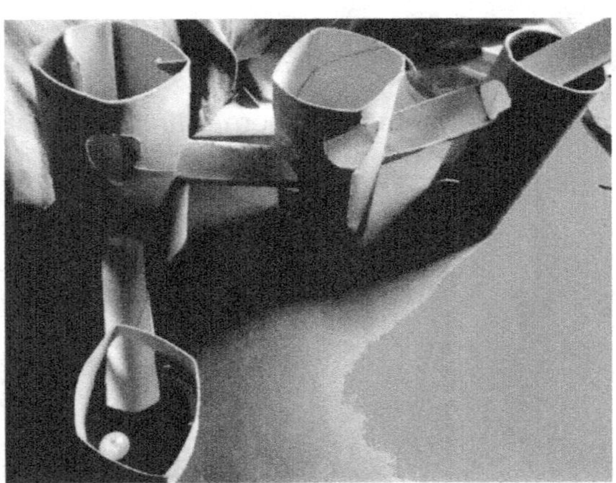

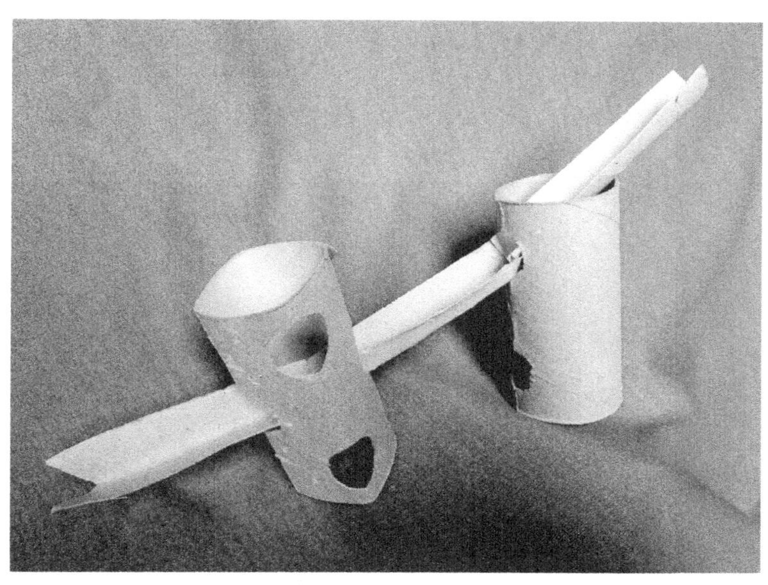

Wir benötigen:

Eine Schere!
Je nach Länge der Bahn: viele Rollen + Bahnen + Perle.

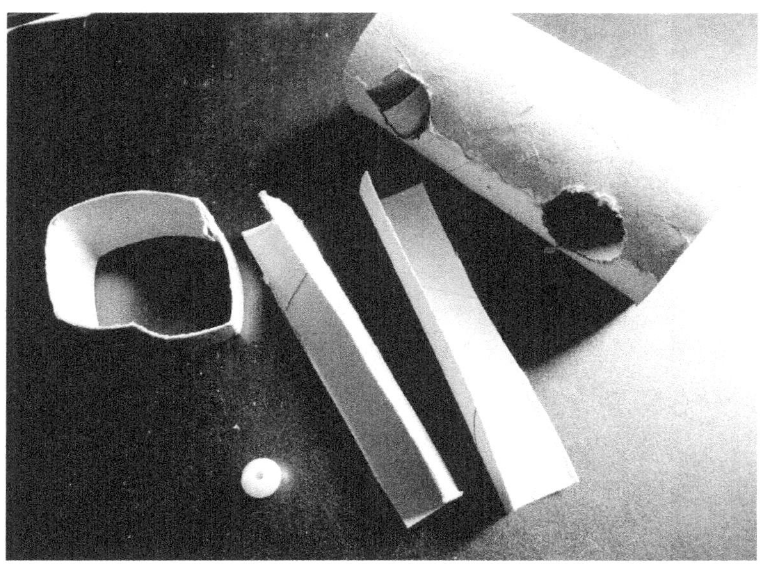

Beispiel: **Flugzeug**

DAS FLUGZEUG: Schneiden, zum Einstecken / Einschieben, Bsp. Kugelbahn, Nase, Fernglas, etc.

Beispiel: Zwei Origami-Katzen

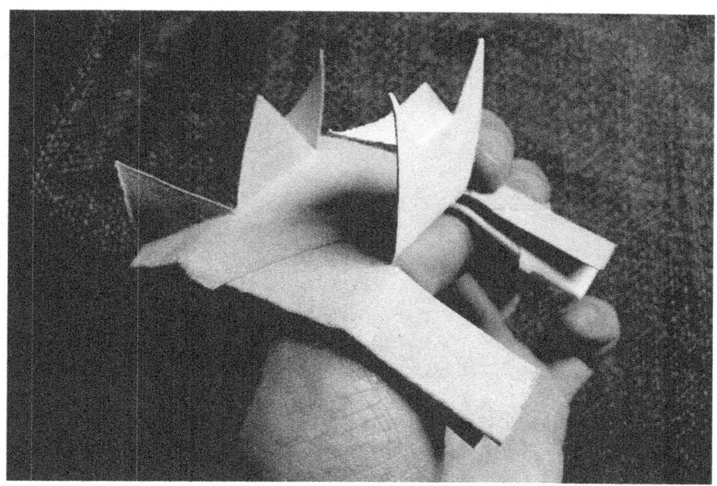

DIE KATZE: Sie ist nicht ganz einfach! – Wer daher lieber erst einmal den Frosch versuchen will, der blättert einfach weiter!

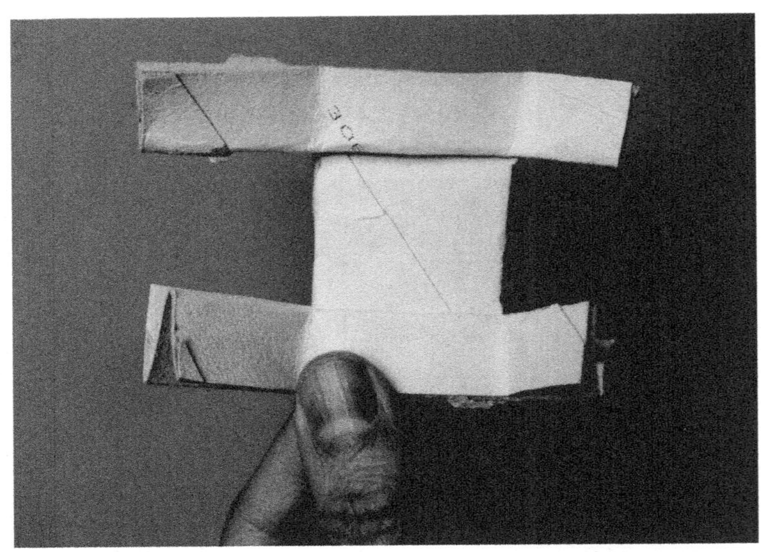

Zuerst die Rolle von unten nach oben Durchschneiden, dann:
Auseinander Falten + SO Einschneiden wie auf den Bildern!

Dann SO Falten, dass Füße dreifach verstärkt sind + den Kopf
und den Schwanz Anmalen und natürlich nach oben Falten!

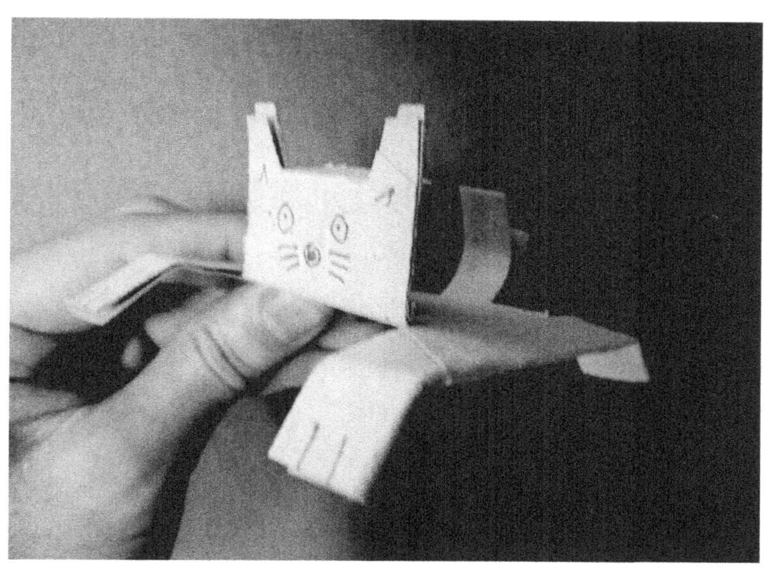

Die 2. Variante dieser Katze wird nur **platt gemacht**!

Also **SOFORT** eingeschnitten, dass die Tierform entsteht!

Der Schwanz wurde hier, im Unterschied zur ersten Katze, **länglich** zugeschnitten. **Angemalt** wird sie dann wie zuvor.

Beispiel: Origami-Frosch

DER FROSCH: Oben Falten! Dann hinten Einschneiden und die Füße nach Außen falten. Gesicht Anmalen + fertig!

Beispiel: **Das Auto**

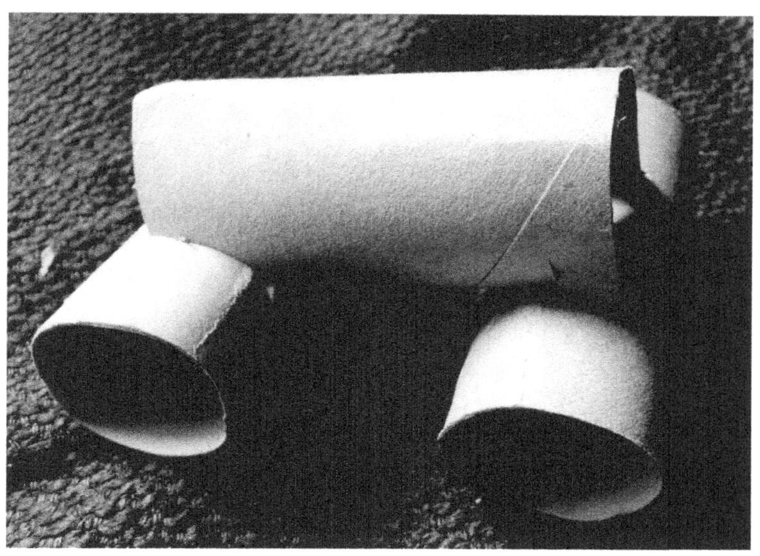

DAS AUTO: Drei Rollen für ein Auto.
Hier könnte ein Tucker die Streifen befestigen!

Beispiel: Das andere Auto

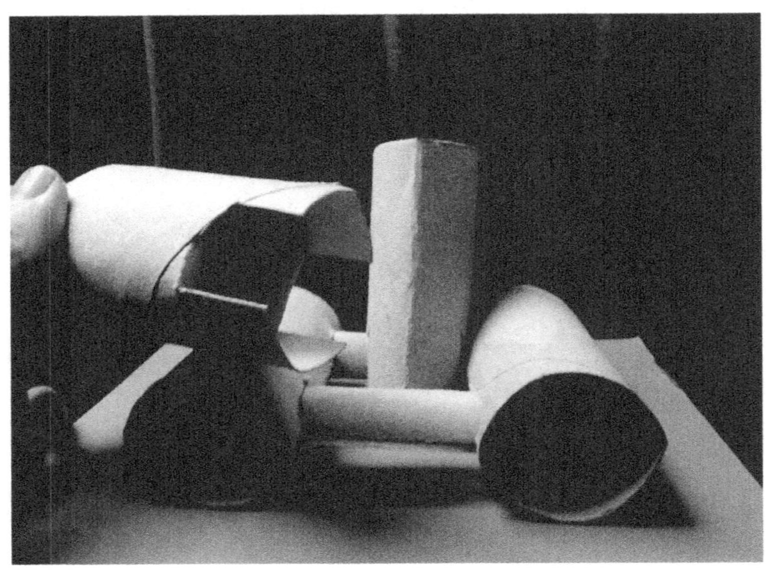

Noch einige Beispiele: **Wirre Ideen**

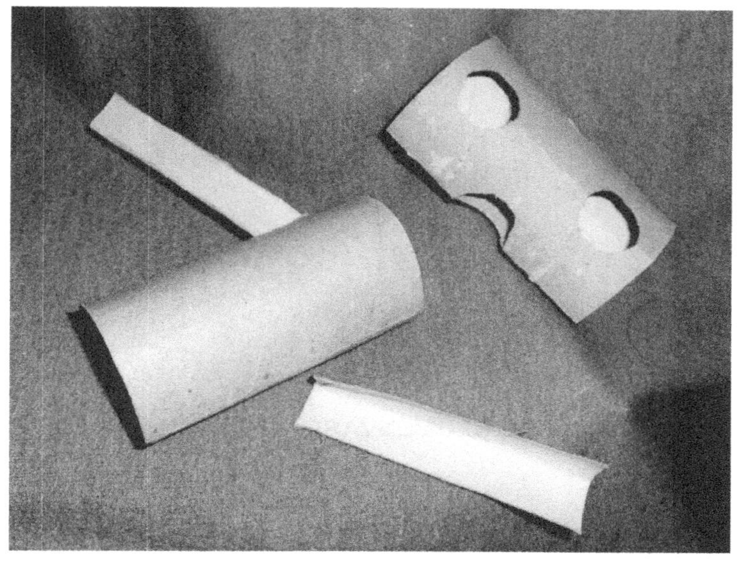

EINE MARIONETTE: Vielleicht in dieser Art und Bauweise?

EIN STEMPEL

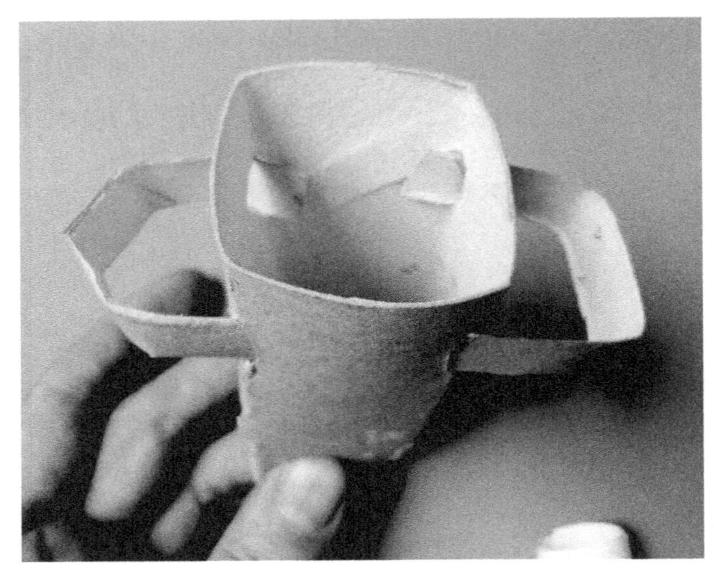

EINE BLUMENVASE mit Henkel

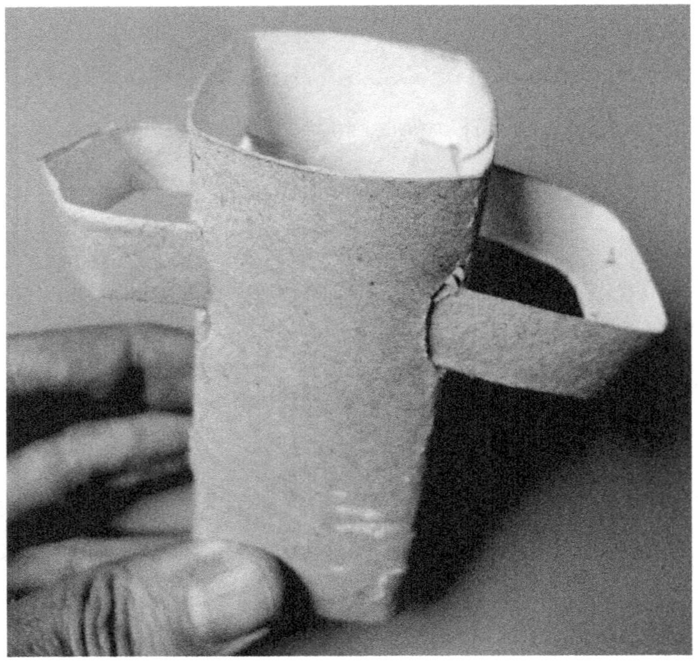

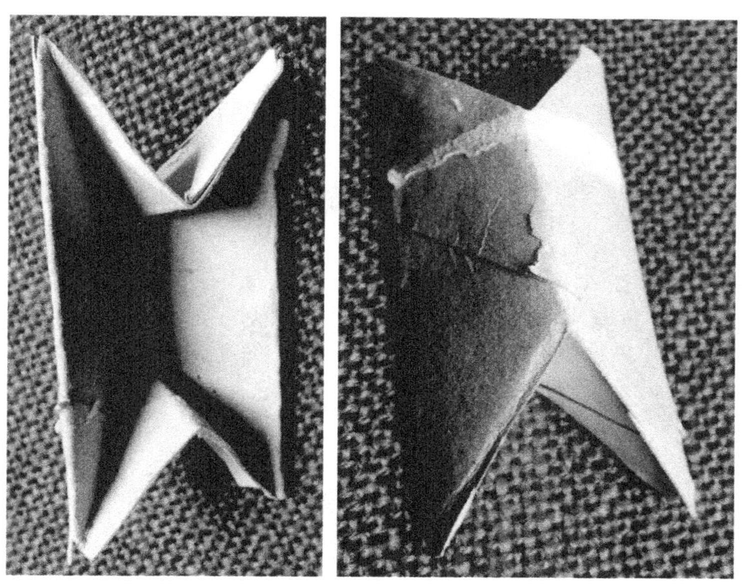

EIN HAUSDACH + EINE RAUPE ...

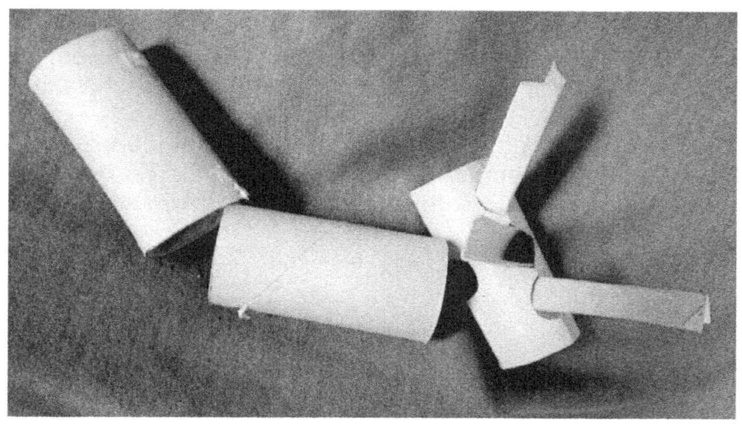

HIER

... also ist das Buch gleich zu Ende. Hoffentlich waren viele
neue und nützliche Vorschläge und Ideen darunter!

Über ein paar freundliche Zeilen bei Amazon freuen wir uns!

Beispiel: Gedeckter Tisch zum Ende

EIN TISCH MIT KANNE UND ZWEI TASSEN: Auf diesem Bild benutzte ich ein Stück größeren Karton für die Tischplatte.

Es gilt wieder das Prinzip: **Löcher Einschneiden**, zum **Einstecken / Einschieben der Henkel** und als Tischstützen jeweils eine **HALBE Rolle**, mit Einschnitt zum Einstecken …

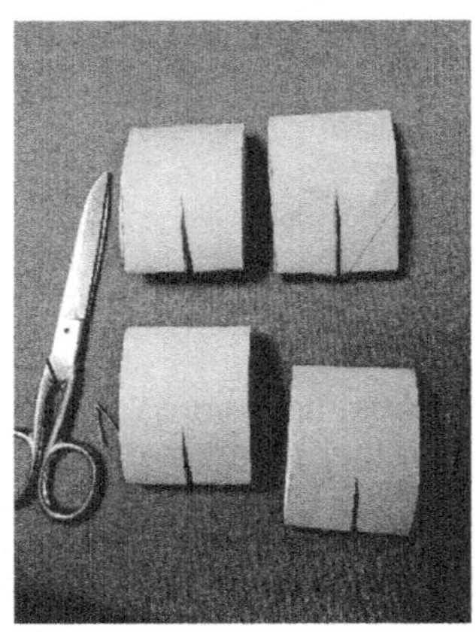

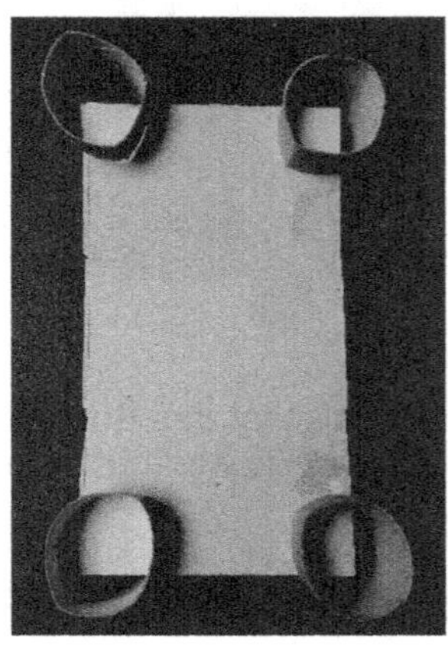

FERTIG!

Hurra! Nun haben Sie es geschafft! Und der beste Applaus wird ganz bestimmt, das Lächeln auf dem Gesicht Ihres Kindes sein!

SIE und Ihr Kind haben nun viel gelernt! Zusammen macht eben vieles mehr Spaß als alleine.

Aber auch alleine kommt man beim Basteln mit **Rollen aus Klopapier** auf viele Ideen! Hoffentlich hat Ihnen dieses **eBook** bzw. gedruckte Buch gefallen und Sie konnten etwas für Ihren Alltag umsetzen!

Wenn Sie möchten, dürfen Sie auch ein paar Zeilen bei Amazon hinterlassen. **Wir** *(die Kinder und ich)* würden uns darüber sehr freuen! – Danke sehr, schon vorab! …

WAS aber alles nun weiter gebastelt werden soll,

DAS wird wohl Ihr Kind entscheiden. Viel Freude beim Spiel! Noch viel mehr an Ideen und Kreativität. Das wünsche ich Ihnen dabei!

Danke für Ihre / Eure Mitarbeit!

ÜBRIGENS:
Wer etwas besonders Tolles aus diesen hier genannten Techniken weiter entwickeln konnte, der sollte mir Fotos von den Ergebnissen schicken.
Die werden dann mit dem Namen des Kindes / bzw. der Eltern, in die nächste erweiterte Neu-Auflage aufgenommen! *- Versprochen!*

OOOOOOOOOOOOOOOOOOOOOOOOOOOOOO

Themen-Beispiel Z wie:
Zugabe – Zwei Wett-Spiele

*A) Eine Rolle wird wie beim Apfelschälen, **mit der Schere** in EINEN langen Streifen geschnitten – Welcher ist der Längste?*

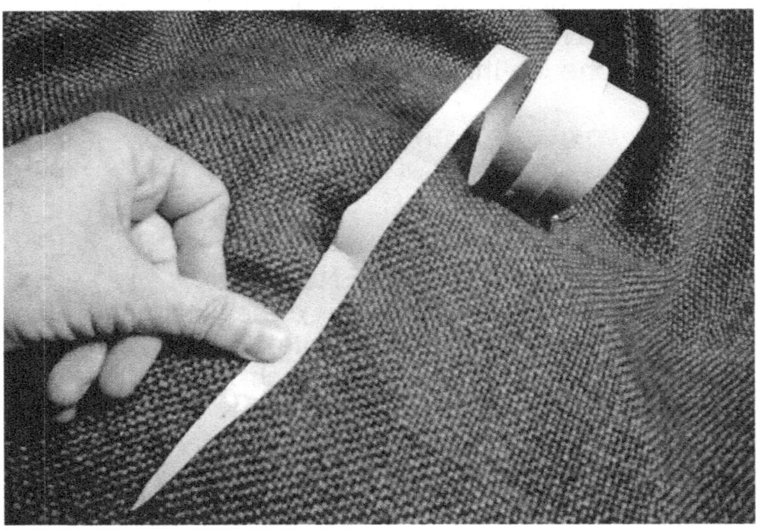

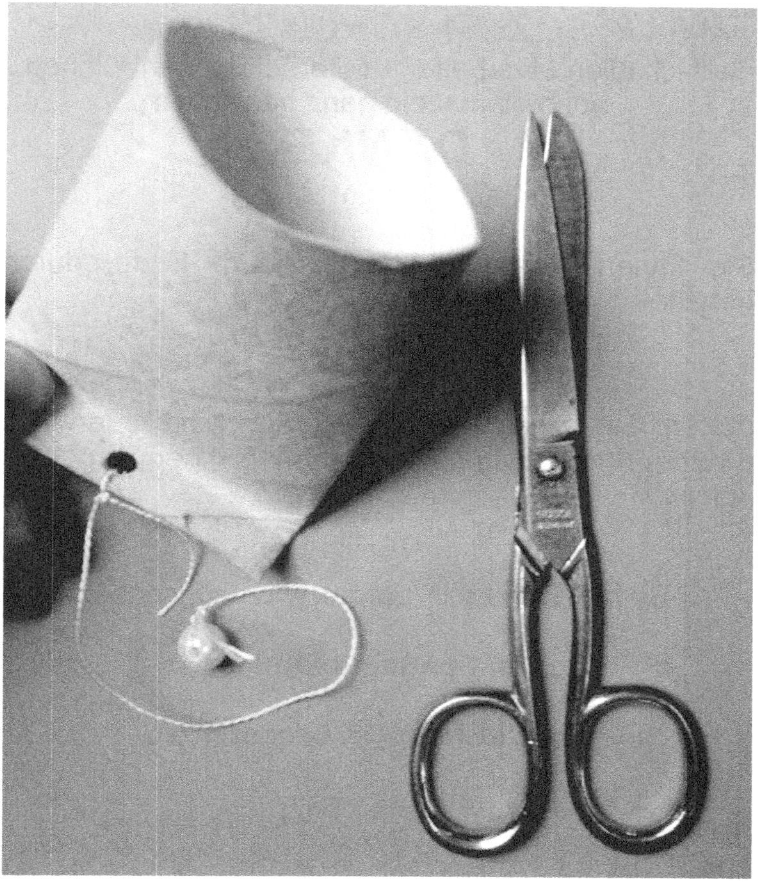

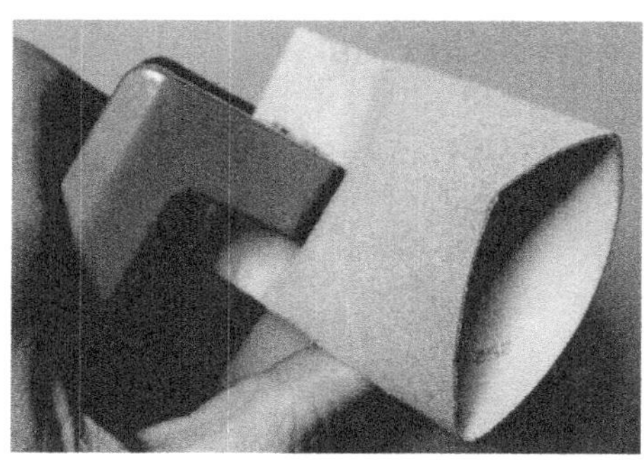

B) Mit dem **Becher-Fangspiel** gilt es: **WER** kann als erstes **die Perle** in das Innere bringen? - *! Perlenschnur **NICHT** zu lange!*

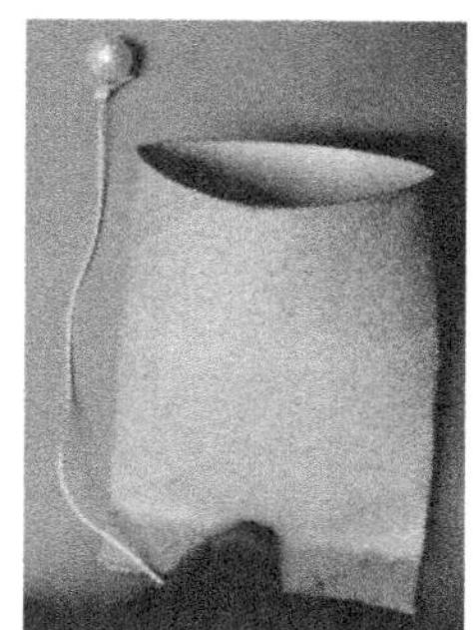

ZUM SCHLUSS

will ich allen Mitarbeiter + Mitarbeiterinnen + Ihnen
noch einmal ein ganz herzliches

DANKE

sagen!

Sie haben bis jetzt, also bis zum Ende, durch
gehalten.

Jetzt

dürfen Sie zusammen mit Ihrem Kind oder den
Kindern Ihrer Gruppe, mit dem fertigen Ergebnis
spielen!

* *** *

So bleibt von mir, nur noch zu wünschen:

Viel Spaß und Freude,

mit ALLEN selbst gebasteltem

Projekten
aus vielen Klopapier-Rollen

* *** *

Bis zum nächsten Mal

Ihr / Euer

Josef Mahlmeister

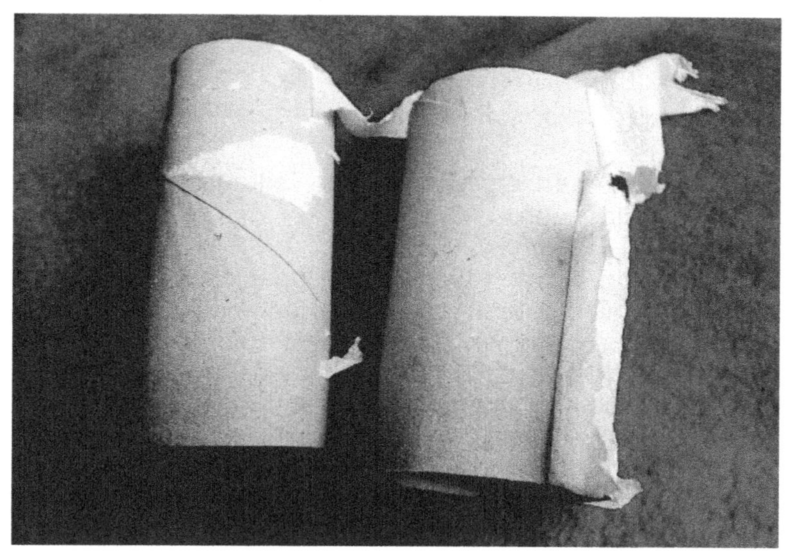

In Zukunft werden **WIR** das „wertlose" Material,
genannt:

Klopapier-Rolle

Sicher mit anderen, vielleicht schon mit weitaus
kreativeren Augen ansehen!

Josef Mahlmeister

quasi ein praktizierender Spiele - Creator arbeitet u. a. als Erzieher in einem Kölner Kindergarten.

Der vorliegende Ratgeber ist zum Teil auch „inmitten der Praxis" entstanden.

Das Basteln mit den wertlosen Klopapierrollen, kann zu jeder Zeit, eine gute und relativ einfache Möglichkeit sein, zusammen mit einem Kind oder auch einer kleinen Kindergruppe, zu einem, kostenfreien und trotzdem für alle Beteiligten, sehr schönem Ergebnis zu gelangen.

Dieser kleine Ratgeber für Notfälle entstammt, ebenso wie der Band mit **„Pappe und Kartonagen",** aus einer fixen Idee. Das Meiste ist aber auch hier wieder für Jeden, egal ob Groß oder Klein, leicht umsetzbar.

Photo: Cheryl Chapman

NOCH EIN *verrückter* TIPP:

(Keine Angst, auch für Kinder + Eltern geeignet!)

Unter dem Titel:

„Kurze Klopapier Geschichten"

ist bei **Amazon** bereits im Jahre **2013**
ein lustiger, kleiner **Fotoband**
als **eBook**, zum Download, erschienen.

Made in the USA
Monee, IL
07 July 2026

56550357R00036